The Stars In The Sky: Short Stories in Swedish for Beginners

Artici Bilingual Books

Published by Artici Bilingual Books, 2024.

THE STARS IN THE SKY: SHORT STORIES IN SWEDISH FOR BEGINNERS

First edition. April 9, 2024.

ISBN: 979-8224453399

Written by Artici Bilingual Books.

Table of Contents

En dag vid sjön

Det var en solig dag vid sjön. En man, som hette Erik, satt ensam på en brygga och fiskade. Han hade varit där hela morgonen, men fisken verkade inte vara hungrig.

Erik tittade ut över det lugna vattnet och kände sig lugn. Han älskade att vara vid sjön, det var hans fristad från livets stress och bekymmer.

Plötsligt hörde han ett plask bakom sig. Han vände sig om och såg en ung kvinna som simmade mot bryggan. Hon hade långt, mörkt hår och ett leende på läpparna.

"Ursäkta mig, kan jag låna din brygga för en stund?" frågade hon vänligt.

"Absolut," svarade Erik och flyttade lite åt sidan för att ge henne plats.

Kvinnan drog sig upp på bryggan och satte sig bredvid Erik. De satt tysta bredvid varandra och tittade ut över sjön.

"Så, fiskar du?" frågade kvinnan efter en stund.

"Ja, men det verkar inte vara min dag idag," svarade Erik och log.

"Det är lugnt, ibland är det inte själva fisket som är det viktiga," sa kvinnan och log tillbaka.

De fortsatte att prata om allt och ingenting. Kvinnan berättade att hennes namn var Anna och att hon bodde i närheten av sjön. Erik berättade om sitt arbete och sina intressen.

Efter ett tag reste sig Anna upp och sa att hon var tvungen att gå.

"Tack för att du lät mig sitta här en stund," sa hon och log mot Erik.

"Ingen orsak, det var trevligt att träffas," svarade Erik och reste sig också upp.

De skakade hand och Anna gick iväg längs bryggan. Erik stod kvar och tittade efter henne tills hon försvann bakom träden.

Sedan satte han sig tillbaka på sin plats och kastade ut sitt fiskespö igen. Trots att han inte hade fått någon fisk den dagen, kände han sig ändå nöjd. Ibland handlade det inte om att fånga fisken.

A Day by the Lake

It was a sunny day by the lake. A man named Erik sat alone on a pier, fishing. He had been there all morning, but the fish didn't seem to be hungry.

Erik looked out over the calm water and felt at peace. He loved being by the lake; it was his refuge from the stress and worries of life.

Suddenly, he heard a splash behind him. He turned around and saw a young woman swimming towards the pier. She had long, dark hair and a smile on her lips.

"Excuse me, can I borrow your pier for a while?" she asked politely.

"Of course," Erik replied, moving aside to give her space.

The woman pulled herself up onto the pier and sat down beside Erik. They sat quietly next to each other, gazing out over the lake.

"So, are you fishing?" the woman asked after a while.

"Yes, but it doesn't seem to be my day today," Erik replied, smiling.

"That's okay, sometimes it's not about the fishing itself," the woman said, smiling back.

They continued to talk about everything and nothing. The woman told Erik that her name was Anna and that she lived near the lake. Erik talked about his work and his interests.

After a while, Anna stood up and said she had to go.

"Thank you for letting me sit here for a while," she said, smiling at Erik.

"No problem, it was nice to meet you," Erik replied, standing up too.

They shook hands, and Anna walked away along the pier. Erik stood there, watching her until she disappeared behind the trees.

Then he sat back down in his spot and cast out his fishing rod again. Even though he hadn't caught any fish that day, he still felt content. Sometimes it wasn't about catching the fish.

En Kopp Kaffe

Det var en solig dag i den lilla staden när Anna bestämde sig för att ta en promenad till sitt favoritcafé, Café Euphoria. Hon älskade att gå dit för att njuta av deras goda kaffe och vänliga atmosfär.

När hon kom fram till caféet, märkte hon att det var lite mer liv och rörelse än vanligt. Det verkade som om alla ville vara där den här dagen.

Hon gick in och slog sig ner vid ett litet bord vid fönstret. Hon kunde känna doften av nybryggt kaffe och bakverk som fyllde luften, och hon log för sig själv.

Plötsligt hörde hon någon som skrattade bakom sig. Hon vände sig om och såg en grupp vänner som hade samlats vid ett bord längre bort. De verkade ha det väldigt roligt och skrattade högt åt något som någon av dem hade sagt.

Anna kunde inte låta bli att le åt deras glädje. Det påminde henne om alla de gånger hon hade träffat sina egna vänner på caféet för att prata och skratta tillsammans.

Hon beställde en kopp kaffe och lät sig sjunka ner i stolen med en suck av nöjdhet. Det var något speciellt med Café Euphoria som fick henne att känna sig lugn och avslappnad, som om alla hennes bekymmer försvann så fort hon satte sin fot över tröskeln.

Medan hon satt där och njöt av sin kaffe tittade hon ut genom fönstret och såg livet som pågick utanför. Hon såg barn som sprang runt på gården och lekte, gamla par som promenerade hand i hand och unga människor som satt på bänken och pratade livligt med varandra.

Det var något med stämningen på Café Euphoria som gjorde att alla kändes välkomna och accepterade. Det spelade ingen roll vem man var eller var man kom ifrån, här var alla lika och alla var vänner.

Anna log för sig själv när hon tänkte på alla de minnen och stunder hon hade delat med sina vänner på caféet genom åren. De hade skrattat och gråtit tillsammans, delat glädje och sorg, och alltid funnits där för varandra oavsett vad som hände.

Hon tog en klunk av sitt kaffe och lät sig sjunka ännu djupare ner i stolen. Det var något trösterikt med känslan av att veta att oavsett vad som hände i livet, skulle Café Euphoria alltid vara där för henne.

Plötsligt hörde hon en röst bredvid sig. Hon vände sig om och såg en äldre man som hade satt sig ner vid bordet bredvid henne.

"Förlåt mig, fröken, men jag kunde inte låta bli att märka hur avslappnad och lycklig du ser ut just nu," sa han med ett leende.

Anna log tillbaka. "Tack så mycket," svarade hon. "Det är något med det här stället som får mig att känna mig som hemma."

Mannen nickade och log. "Ja, Café Euphoria har en magisk förmåga att göra det," sa han. "Det är som om tiden står stilla här och alla bekymmer bara försvinner."

Anna nickade instämmande och fortsatte att prata med mannen. De delade historier och skrattade tillsammans, och för en kort stund glömde de bort allt annat runt omkring dem.

När det var dags för Anna att gå hem kände hon sig lugn och avslappnad. Hon visste att hon alltid kunde komma tillbaka till Café Euphoria när hon behövde en paus från livets stress och bekymmer, och att det alltid skulle finnas en varm kopp kaffe och vänliga människor som väntade på henne där.

A Cup of Coffee

It was a sunny day in the small town when Anna decided to take a walk to her favorite café, Café Euphoria. She loved going there to enjoy their delicious coffee and friendly atmosphere.

When she arrived at the café, she noticed that it was a bit more busy than usual. It seemed like everyone wanted to be there that day.

She went in and sat down at a small table by the window. She could smell the scent of freshly brewed coffee and pastries filling the air, and she smiled to herself.

Suddenly, she heard someone laughing behind her. She turned around and saw a group of friends gathered at a table nearby. They seemed to be having a lot of fun and laughing loudly at something one of them had said.

Anna couldn't help but smile at their joy. It reminded her of all the times she had met her own friends at the café to talk and laugh together.

She ordered a cup of coffee and sank into her chair with a sigh of contentment. There was something special about Café Euphoria that made her feel calm and relaxed, as if all her worries disappeared as soon as she set foot inside.

As she sat there enjoying her coffee, she looked out the window and watched the life going on outside. She saw children running around in the yard playing, old couples strolling hand in hand, and young people sitting on the bench chatting lively with each other.

There was something about the atmosphere at Café Euphoria that made everyone feel welcome and accepted. It didn't matter who you were or where you came from, here everyone was equal and everyone was friends. Anna smiled to herself as she thought about all the memories and moments she had shared with her friends at the café over the years. They had laughed and cried together, shared joy and sorrow, and always been there for each other no matter what happened.

She took a sip of her coffee and sank even deeper into her chair. There was something comforting about knowing that no matter what happened in life, Café Euphoria would always be there for her.

Suddenly, she heard a voice next to her. She turned around and saw an older man who had sat down at the table next to her.

"Excuse me, miss, but I couldn't help but notice how relaxed and happy you look right now," he said with a smile.

Anna smiled back. "Thank you very much," she replied. "There's something about this place that makes me feel at home."

The man nodded and smiled. "Yes, Café Euphoria has a magical ability to do that," he said. "It's like time stands still here and all worries just disappear."

Anna nodded in agreement and continued to talk to the man. They shared stories and laughed together, and for a brief moment, they forgot about everything else around them.

When it was time for Anna to go home, she felt calm and relaxed. She knew that she could always come back to Café Euphoria when she needed a break from life's stress and worries, and that there would always be a warm cup of coffee and friendly people waiting for her there.

Den magiska stenen

Det var en gång en ung man som bodde i en liten by vid foten av bergen. Hans namn var Henrik, och han hade alltid drömt om äventyr och upptäckter.

En dag bestämde sig Henrik för att ge sig ut på en resa för att söka efter en legendarisk sten som sägs ha magiska krafter. Han hade hört talas om stenen från sin farfar, som en gång hade försökt hitta den men aldrig lyckats.

Henrik packade sin ryggsäck och gav sig iväg tidigt på morgonen. Han vandrade genom skogen och över berg och dalar, alltid på jakt efter ledtrådar som skulle leda honom till stenen.

Efter många dagars vandring kom han till en liten by vid foten av ett mäktigt berg. Där mötte han en vis man som sa att han visste var stenen fanns.

"Stenen är gömd högt uppe på berget, där solen först träffar toppen varje morgon," sa den vise mannen. "Men var försiktig, för att nå stenen måste du övervinna många faror och prövningar."

Henrik tackade mannen och bestämde sig för att ge sig iväg mot berget nästa morgon. Han visste att det skulle bli en farlig resa, men han kände också en stark dragningskraft mot stenen och kunde inte motstå att fortsätta.

När solen gick upp nästa morgon började Henrik sin vandring uppför berget. Han klättrade över branta klippor och genom tät skog, alltid med stenen i åtanke.

Efter många timmars vandring kom han till slut fram till en brant klippvägg. Det verkade omöjligt att ta sig upp, men Henrik kände en kraft inom sig som drev honom framåt.

Han började klättra upp för väggen, steg för steg, tills han till slut nådde toppen. Där, mitt på en liten platå, såg han stenen framför sig.

Han gick fram och rörde vid stenen, och plötsligt kände han en våg av energi skölja över honom. Det var som om stenen talade till honom, som om den viskade hemligheter från en annan tid.

Henrik visste att han hade hittat det han hade sökt efter. Han kände sig fylld av glädje och tacksamhet, och han visste att hans liv aldrig skulle bli detsamma igen.

Han tog stenen med sig och började vandra tillbaka nerför berget. Han visste att han hade fått en gåva, en gåva som skulle förändra hans liv för alltid.

The Magical Stone

Once upon a time, there was a young man who lived in a small village at the foot of the mountains. His name was Henrik, and he had always dreamed of adventure and discovery.

One day, Henrik decided to set out on a journey to search for a legendary stone said to possess magical powers. He had heard about the stone from his grandfather, who had once tried to find it but had never succeeded.

Henrik packed his backpack and set off early in the morning. He hiked through the forest and over mountains and valleys, always searching for clues that would lead him to the stone.

After many days of hiking, he arrived at a small village at the foot of a mighty mountain. There he met a wise man who said he knew where the stone was located.

"The stone is hidden high up on the mountain, where the sun first hits the peak every morning," said the wise man. "But be careful, to reach the stone you must overcome many dangers and trials."

Henrik thanked the man and decided to set out for the mountain the next morning. He knew it would be a dangerous journey, but he also felt a strong pull toward the stone and couldn't resist continuing.

When the sun rose the next morning, Henrik began his ascent up the mountain. He climbed over steep cliffs and through dense forests, always keeping the stone in mind.

After many hours of hiking, he finally reached a steep cliff wall. It seemed impossible to climb up, but Henrik felt a power within him driving him forward.

He began to climb up the wall, step by step, until he finally reached the top. There, in the middle of a small plateau, he saw the stone before him.

He approached the stone and touched it, and suddenly he felt a wave of energy wash over him. It was as if the stone was speaking to him, as if it whispered secrets from another time.

Henrik knew he had found what he had been searching for. He felt filled with joy and gratitude, and he knew that his life would never be the same again.

He took the stone with him and began to hike back down the mountain. He knew he had received a gift, a gift that would change his life forever.

Den lilla kaféet på hörnet

Det var en gång en liten by där alla kände alla och där livet rörde sig i en långsam takt. I denna by fanns det en kvinna vid namn Anna. Hon ägde och drev det lilla kaféet på hörnet av huvudgatan.

Anna var en varm och vänlig kvinna som älskade att skapa en välkomnande atmosfär på sitt kafé. Varje morgon öppnade hon dörrarna och hälsade sina gäster med ett leende och en kopp varmt kaffe.

På det lilla kaféet samlades människor från hela byn för att prata, skratta och njuta av Annas läckra bakverk. Det var en plats där alla kände sig hemma och där ingen kände sig ensam.

En dag kom det en ny person till byn. Han hette Peter och hade precis flyttat in i det lilla huset på andra sidan gatan från kaféet. Peter var en tystlåten man som inte hade många vänner och som inte kände sig särskilt bekväm i det nya samhället.

Men en dag bestämde sig Peter för att ta mod till sig och gå över till det lilla kaféet på hörnet. Han öppnade dörren och gick in med osäkra steg, osäker på om han skulle vara välkommen.

Men när Anna såg Peter komma in genom dörren, mötte hon honom med ett stort leende och en varm hälsning. "Välkommen till mitt kafé," sa hon. "Jag hoppas att du kommer att trivas här."

Peter kände sig genast välkommen och satte sig vid ett bord i hörnet av kaféet. Han beställde en kopp kaffe och började så smått att prata med de andra gästerna.

Med tiden började Peter att känna sig allt mer hemma på det lilla kaféet på hörnet. Han träffade nya människor, skapade nya vänskapsband och började sakta men säkert att känna sig som en del av samhället.

Anna såg med glädje på hur Peter blomstrade upp och blev en del av det lilla kaféets gemenskap. Hon visste att det var just det som gjorde hennes jobb så speciellt - att kunna skapa en plats där människor kunde komma för att känna sig sedda, hörda och välkomna.

Och så fortsatte livet att röra sig i den lilla byn med det lilla kaféet på hörnet. Det var en plats där vänner träffades, historier delades och där kärleken till gemenskap och samhörighet blomstrade varje dag.

The Little Café on the Corner

Once upon a time, there was a small village where everyone knew everyone and where life moved at a slow pace. In this village lived a woman named Anna. She owned and ran the little café on the corner of the main street.

Anna was a warm and friendly woman who loved creating a welcoming atmosphere in her café. Every morning, she opened the doors and greeted her guests with a smile and a cup of hot coffee.

At the little café, people from the entire village gathered to talk, laugh, and enjoy Anna's delicious pastries. It was a place where everyone felt at home and where no one felt alone.

One day, a new person came to the village. His name was Peter, and he had just moved into the small house across the street from the café. Peter was a quiet man who didn't have many friends and who didn't feel very comfortable in the new community.

But one day, Peter decided to gather his courage and go over to the little café on the corner. He opened the door and walked in with uncertain steps, unsure if he would be welcome.

But when Anna saw Peter come in through the door, she greeted him with a big smile and a warm welcome. "Welcome to my café," she said. "I hope you'll enjoy it here."

Peter immediately felt welcome and sat down at a table in the corner of the café. He ordered a cup of coffee and started to slowly engage in conversation with the other guests.

Over time, Peter began to feel more and more at home at the little café on the corner. He met new people, formed new friendships, and slowly but surely began to feel like a part of the community.

Anna watched with joy as Peter blossomed and became a part of the little café's community. She knew that this was exactly what made her job so special - being able to create a place where people could come to feel seen, heard, and welcomed.

And so, life continued to move in the small village with the little café on the corner. It was a place where friends met, stories were shared, and where the love for community and togetherness flourished every day.

Fisketuren

Det var en solig dag i den lilla byn vid havet. Olle, en ensam fiskare, vaknade tidigt som vanligt. Han gick ut ur sitt lilla hus och kände havsbrisen på sitt ansikte. Han älskade havet och hans båt, som han kallade för "Lilla Våg".

Olle gick ner till stranden och såg på vågorna som dansade mot kusten. Han tog tag i sina fiskeredskap och började förbereda sig för dagens fisketur. Han visste att det skulle bli en bra dag att fiska.

Medan han rodde ut på det lugna havet kände Olle lugnet sprida sig inom honom. Han lät båten gunga i takt med vågorna och kände sig ett med naturen. Solen steg upp över horisonten och måsarna flög över hans huvud.

Efter en stund nådde Olle sin favoritplats för fiske. Han kastade ut sitt nät och började vänta. Tystnaden var endast avbruten av ljudet av vågorna som slog mot båten. Olle satt där och väntade, medan solen steg högre på himlen.

Plötsligt kände han en ryckning i linan. Han hade fångat något! Med ett snabbt ryck drog han upp nätet och såg vad han fångat. Det var en stor fisk, glänsande i solskenet. Olle log brett och kände lyckan sprida sig inom honom.

Han fortsatte att fiska och fångade fler och fler fiskar. Snart var hans båt full av färsk fisk. Han visste att hans by skulle vara glad över dagens fångst. Med ett leende på läpparna rodde han tillbaka mot stranden.

När Olle kom tillbaka till land möttes han av sina grannar, som hade sett honom komma tillbaka med en last av fisk. De hjälpte honom att dra upp båten på stranden och ta hand om fisken.

Tillsammans bar de fisken till byns marknad, där människor hade samlats för att köpa färsk fisk. Olle och hans grannar sålde snabbt ut all fisken, och snart var de bara tomma korgar kvar.

Efter att ha sålt fisken gick Olle tillbaka till sitt lilla hus vid stranden. Medan solen gick ner över horisonten och månens ljus började lysa upp himlen, satt Olle på sin veranda och tittade ut över havet. Han kände sig nöjd med dagen och visste att han skulle fortsätta att fiska så länge han kunde. För honom fanns det inget bättre än att vara ute på havet, fånga fisk och känna sig fri.

The Fishing Trip

It was a sunny day in the small village by the sea. Olle, a lonely fisherman, woke up early as usual. He stepped out of his small house and felt the sea breeze on his face. He loved the sea and his boat, which he called "Little Wave".

Olle went down to the beach and watched the waves dancing against the shore. He grabbed his fishing gear and began preparing for the day's fishing trip. He knew it would be a good day for fishing.

As he rowed out onto the calm sea, Olle felt the calmness spreading within him. He let the boat sway in rhythm with the waves and felt at one with nature. The sun rose above the horizon, and seagulls flew overhead. After a while, Olle reached his favorite fishing spot. He cast out his net and began to wait. The silence was only broken by the sound of the waves lapping against the boat. Olle sat there, waiting, as the sun rose higher in the sky.

Suddenly, he felt a tug on the line. He had caught something! With a quick pull, he hoisted up the net and saw what he had caught. It was a big fish, gleaming in the sunshine. Olle smiled widely and felt happiness spreading within him.

He continued to fish and caught more and more fish. Soon, his boat was filled with fresh fish. He knew his village would be pleased with the day's catch. With a smile on his face, he rowed back to shore.

When Olle returned to land, he was greeted by his neighbors, who had seen him coming back with a load of fish. They helped him pull the boat onto the beach and take care of the fish.

Together, they carried the fish to the village market, where people had gathered to buy fresh fish. Olle and his neighbors quickly sold out all the fish, and soon there were only empty baskets left.

After selling the fish, Olle went back to his small house by the beach.

As the sun set over the horizon and the moonlight began to illuminate the sky, Olle sat on his porch and looked out over the sea. He felt satisfied with the day and knew he would continue to fish for as long as he could. For him, there was nothing better than being out at sea, catching fish, and feeling free.

En Enkel Dröm

Det var en kall vinterdag i en liten stad. Ingrid satt vid fönstret i sitt lilla hus och tittade ut på den snötäckta gatan. Hon drömde om något mer, något större än det liv hon levde. Hon längtade efter äventyr och nya möjligheter.

Ingrid hade alltid drömt om att resa, att utforska världen utanför den lilla staden. Men livet hade alltid kommit emellan. Nu, mitt i vintern, kände hon sig fast i sitt dagliga rutin, längtande men osäker på hur hon skulle förverkliga sina drömmar.

En dag kom en brevbärare till hennes dörr med ett oväntat brev. Det var från en gammal vän som hon inte hade hört från på åratal. Brevet innehöll en inbjudan till en resa till en avlägsen ö, där solen alltid sken och havet var kristallklart. Ingrid kunde knappt tro sina ögon när hon läste det.

Hon visste att det var hennes chans att göra något annorlunda, något som skulle förändra hennes liv för alltid. Trots sin rädsla för det okända bestämde hon sig för att ta steget och tacka ja till inbjudan.

När dagen för avresa kom, kände Ingrid en blandning av spänning och ångest. Hon lämnade sitt hem och gick mot det okända, med en liten väska i handen och drömmar i sitt hjärta.

Resan till ön var lång och besvärlig, men när Ingrid äntligen kom fram kände hon sig som en annan person. Hon möttes av den varma solen och det klara vattnet, och hon visste att hon hade gjort rätt beslut.

Under dagarna på ön utforskade Ingrid de vackra stränderna och de grönskande skogarna. Hon kände sig levande på ett sätt hon aldrig tidigare hade gjort.

Men det var inte bara de vackra platserna som gjorde intryck på Ingrid. Det var också människorna hon träffade och de historier de delade med henne. Hon insåg att alla hade sina egna drömmar och strävanden, och att det var viktigt att följa sitt hjärta och kämpa för det man trodde på.

När det var dags att lämna ön kände Ingrid en sorg i sitt hjärta. Hon visste att hon lämnade en del av sig själv bakom sig, men samtidigt kände hon en ny kraft inom sig. Hon visste att hon hade förändrats på resan och att ingenting skulle vara sig likt när hon kom tillbaka till sitt gamla liv.

När Ingrid återvände till sin lilla stad kände hon sig som en ny person. Hon hade fått modet att följa sina drömmar och våga ta risker. Hon visste att det inte skulle bli lätt, men hon var beredd att kämpa för det hon trodde på.

Så, varje gång Ingrid tittade ut genom fönstret på sitt lilla hus och såg den snötäckta gatan utanför, påminde hon sig själv om den enkla dröm som hade förändrat allt. En dröm om äventyr, om frihet och om att följa sitt hjärta, oavsett vart det ledde henne.

A Simple Dream

It was a cold winter day in a small town. Ingrid sat by the window in her small house, looking out at the snow-covered street. She dreamed of something more, something bigger than the life she lived. She longed for adventure and new opportunities.

Ingrid had always dreamed of traveling, of exploring the world outside the small town. But life always got in the way. Now, in the middle of winter, she felt stuck in her daily routine, longing but unsure of how to realize her dreams.

One day, a postman came to her door with an unexpected letter. It was from an old friend she hadn't heard from in years. The letter contained an invitation to a trip to a distant island, where the sun always shone, and the sea was crystal clear. Ingrid could hardly believe her eyes as she read it.

She knew it was her chance to do something different, something that would change her life forever. Despite her fear of the unknown, she decided to take the leap and accept the invitation.

When the day of departure came, Ingrid felt a mix of excitement and anxiety. She left her home and walked towards the unknown, with a small bag in her hand and dreams in her heart.

The journey to the island was long and arduous, but when Ingrid finally arrived, she felt like a different person. She was greeted by the warm sun and the clear water, and she knew she had made the right decision.

During the days on the island, Ingrid explored the beautiful beaches and the lush forests. She felt alive in a way she had never before.

But it wasn't just the beautiful places that made an impression on Ingrid. It was also the people she met and the stories they shared with her. She realized that everyone had their own dreams and aspirations, and that it was important to follow one's heart and fight for what you believe in.

When it was time to leave the island, Ingrid felt a sadness in her heart. She knew she was leaving a part of herself behind, but at the same time, she felt a new strength within her. She knew she had changed on the journey and that nothing would be the same when she returned to her old life.

When Ingrid returned to her small town, she felt like a new person. She had gained the courage to follow her dreams and take risks. She knew it wouldn't be easy, but she was ready to fight for what she believed in.

So, every time Ingrid looked out the window of her small house and saw the snow-covered street outside, she reminded herself of the simple dream that had changed everything. A dream of adventure, of freedom, and of following her heart, no matter where it led her.

Den Magiska Ringen

I en liten by långt borta från stora städer bodde en enkel man som hette Olof. Han var en stillsam person som arbetade som trädgårdsmästare och älskade att odla blommor och grönsaker i sin lilla trädgård.

En dag, när Olof var ute och arbetade i sin trädgård, hittade han en gammal ring gömd bland jorden. Ringen var liten och enkel, men den glänste på ett mystiskt sätt i solskenet. Olof kunde inte motstå att ta upp den och undersöka den närmare.

När han höll ringen i sin hand kände Olof en underlig kraft som omgav den. Han visste inte varför, men han kände sig lockad av ringen och kunde inte slita sig från den. Han bestämde sig för att ta med den hem.

När han kom hem började Olof undersöka ringen närmare. Han märkte att det fanns inskriptioner på insidan av ringen, men han kunde inte läsa dem. Ringen verkade vara gjord av en metall som han aldrig hade sett förut, och den hade en magisk känsla som Olof inte kunde förklara.

Under natten hade Olof märkliga drömmar om ringen. Han såg sig själv vandra genom mystiska skogar och över stora berg, allt med ringen i sin hand. Han visste inte vad det betydde, men han kände att ringen hade en viktig roll att spela i hans liv.

Dagen efter bestämde sig Olof för att visa ringen för sin granne, en klok gammal kvinna som hette Elsa. Elsa var välkänd för sin kunskap om magi och mystik, och Olof hoppades att hon skulle kunna ge honom några svar på sina frågor om ringen.

När han visade ringen för Elsa såg hon genast förvånad ut. "Det här är ingen vanlig ring, Olof," sa hon allvarligt. "Det är en magisk ring, en som har följt med genom århundraden av äventyr och berättelser."

Elsa berättade för Olof historien om ringen och dess förmågor. Hon sa att ringen hade förmågan att ge sin bärare styrka och mod, men att den också hade en mörk sida. Om den användes på fel sätt kunde den orsaka stor skada och förstörelse.

Olof var förvånad över att höra detta, men samtidigt kände han en oemotståndlig dragning till ringen. Han visste att han måste vara försiktig med dess krafter, men samtidigt kunde han inte låta bli att känna sig lockad av dess magi.

Under de kommande veckorna bar Olof ringen med sig överallt han gick. Han kände dess kraft flöda genom honom och han kände sig starkare och mer självsäker än någonsin tidigare. Men samtidigt började han märka att ringen hade en mörk inverkan på hans tankar och handlingar.

En dag, när Olof var ute och arbetade i sin trädgård, hörde han en mörk röst i sitt huvud som sa att han måste använda ringen för att uppnå makt och rikedom. Han visste att det var fel, men samtidigt kunde han inte motstå lockelsen.

Han tog på sig ringen och kände dess kraft flöda genom honom. Han kände sig stark och oövervinnerlig, och han visste att han kunde göra vad som helst med dess hjälp. Men samtidigt visste han också att han var på väg att förlora sig själv till dess mörka inflytande.

Med ens kom Elsa springande genom trädgården och ryckte ringen från Olofs finger. "Du måste sluta, Olof!" skrek hon. "Du får inte låta ringen ta kontroll över dig. Du måste kämpa emot dess mörka inflytande."

Olof insåg att Elsa hade rätt. Han visste att han måste kämpa emot ringens lockelse och använda dess krafter för gott. Med Elsas hjälp lyckades han övervinna ringens inflytande och återvände till sitt normala jag.

Från den dagen av förvarade Olof ringen på en säker plats och lovade att aldrig låta dess krafter ta över honom igen. Han visste att ringen hade förmågan att ge honom styrka och mod, men att det var upp till honom att använda dess krafter på ett ansvarsfullt sätt.

The Magical Ring

In a small village far away from big cities lived a simple man named Olof. He was a quiet person who worked as a gardener and loved cultivating flowers and vegetables in his small garden.

One day, while Olof was working in his garden, he found an old ring hidden in the soil. The ring was small and plain, but it shimmered in a mysterious way in the sunlight. Olof couldn't resist picking it up and examining it closer.

As he held the ring in his hand, Olof felt a strange power surrounding it. He didn't know why, but he felt drawn to the ring and couldn't tear himself away from it. He decided to take it home.

When he got home, Olof started examining the ring closer. He noticed that there were inscriptions on the inside of the ring, but he couldn't read them. The ring seemed to be made of a metal he had never seen before, and it had a magical feel that Olof couldn't explain.

During the night, Olof had strange dreams about the ring. He saw himself wandering through mysterious forests and over great mountains, all with the ring in his hand. He didn't know what it meant, but he felt that the ring had an important role to play in his life.

The next day, Olof decided to show the ring to his neighbor, a wise old woman named Elsa. Elsa was well known for her knowledge of magic and mysticism, and Olof hoped that she would be able to give him some answers to his questions about the ring.

When he showed the ring to Elsa, she immediately looked surprised. "This is no ordinary ring, Olof," she said seriously. "It's a magical ring, one that has been passed down through centuries of adventures and stories."

Elsa told Olof the story of the ring and its powers. She said that the ring had the ability to give its bearer strength and courage, but that it also had a dark side. If used improperly, it could cause great harm and destruction.

Olof was amazed to hear this, but at the same time, he felt an irresistible attraction to the ring. He knew he had to be careful with its powers, but at the same time, he couldn't help but feel drawn to its magic.

Over the next few weeks, Olof carried the ring with him wherever he went. He felt its power flowing through him, and he felt stronger and more confident than ever before. But at the same time, he began to notice that the ring had a dark influence on his thoughts and actions.

One day, while Olof was working in his garden, he heard a dark voice in his head telling him that he must use the ring to attain power and wealth. He knew it was wrong, but at the same time, he couldn't resist the temptation.

He put on the ring and felt its power flowing through him. He felt strong and invincible, and he knew he could do anything with its help. But at the same time, he also knew that he was starting to lose himself to its dark influence.

Suddenly, Elsa came running through the garden and snatched the ring from Olof's finger. "You must stop, Olof!" she shouted. "You must not let the ring take control of you. You must fight against its dark influence."

Olof realized that Elsa was right. He knew he had to fight against the ring's temptation and use its powers for good. With Elsa's help, he managed to overcome the ring's influence and returned to his normal self.

From that day on, Olof kept the ring in a safe place and promised never to let its powers take over him again. He knew that the ring had the ability to give him strength and courage, but that it was up to him to use its powers responsibly.

En Natt På Stranden

Det var en varm sommarnatt när staden sov och stranden låg tyst under månens sken. En ensam man vid namn Anders satt på sanden och lyssnade till vågornas viskningar när de rullade in mot kusten.

Han lät tankarna vandra fritt med vinden, till platser långt borta och minnen från en tid som hade försvunnit för länge sedan. Han kände sig som en främling i sin egen värld, ett spår av ensamhet som slingrade sig runt hans hjärta.

Plötsligt hörde han fotsteg bakom sig och vände sig om för att se vem som hade kommit. Det var en ung kvinna med långt, mörkt hår och ögon som glittrade i månskenet. Hon log mot Anders och satte sig bredvid honom på sanden.

"Varför sitter du här ensam?" frågade hon med en mjuk röst.

Anders tittade på henne och kände en plötslig värme sprida sig inom honom. Han hade aldrig förväntat sig att möta någon här på stranden mitt i natten.

"Jag vet inte riktigt," svarade han efter en stund. "Jag behövde bara komma bort från allt för en stund."

Kvinnan nickade förstående och tystnaden föll över dem. De satt där tillsammans, lyssnande till ljudet av vågorna och känslan av frihet som kom med natten.

Efter en stund började kvinnan prata om sitt eget liv, om drömmar och önskningar som hade gått i uppfyllelse och de som hade försvunnit bort i nattens mörker. Anders lyssnade uppmärksamt, kände sig som om han hade funnit en vän i den tysta, stilla natten.

Tillsammans delade de sina tankar och känslor, och det var som om de hade känt varandra i en evighet. De skrattade och grät, delade glädje och sorg, och fann tröst i varandras närvaro.

När solen började stiga upp över horisonten och nattens mörker började ge vika för dagens ljus, reste sig Anders och kvinnan upp från sanden. De kramade om varandra och sa adjö med en förståelse som bara de två kunde förstå.

"Jag hoppas att vi ses igen," sa kvinnan med ett leende.

Anders log tillbaka och nickade. "Det hoppas jag också."

Och så skildes de åt, två främlingar som hade funnit varandra i nattens tystnad och funnit tröst i varandras sällskap.

Resten av dagen gick Anders runt i staden med ett leende på läpparna och ett minne av den magiska natten på stranden brinnande inom honom.

A Night on the Beach

It was a warm summer night when the city slept and the beach lay quiet under the moonlight. A lone man named Anders sat on the sand, listening to the whispers of the waves as they rolled onto the shore.

He let his thoughts wander freely with the wind, to places far away and memories from a time long gone. He felt like a stranger in his own world, a trace of loneliness coiling around his heart.

Suddenly, he heard footsteps behind him and turned to see who had arrived. It was a young woman with long, dark hair and eyes that sparkled in the moonlight. She smiled at Anders and sat down beside him on the sand.

"Why are you sitting here alone?" she asked with a soft voice.

Anders looked at her and felt a sudden warmth spreading within him. He had never expected to meet anyone here on the beach in the middle of the night.

"I'm not really sure," he replied after a while. "I just needed to get away from it all for a while."

The woman nodded understandingly, and silence fell over them. They sat there together, listening to the sound of the waves and the feeling of freedom that came with the night.

After a while, the woman began to talk about her own life, about dreams and desires that had come true and those that had vanished into the darkness of the night. Anders listened attentively, feeling as if he had found a friend in the quiet, still night.

Together, they shared their thoughts and feelings, and it was as if they had known each other for eternity. They laughed and cried, shared joy and sorrow, and found comfort in each other's presence.

As the sun began to rise over the horizon and the darkness of the night began to give way to the light of day, Anders and the woman stood up from the sand. They hugged each other and said goodbye with an understanding that only the two of them could understand.

"I hope we'll meet again," the woman said with a smile.

Anders smiled back and nodded. "I hope so too."

And so they parted ways, two strangers who had found each other in the silence of the night and found comfort in each other's company.

For the rest of the day, Anders walked around the city with a smile on his lips and a memory of the magical night on the beach burning within him.

Stjärnorna på himlen

Det var en gång en liten by långt bortom bergen, där natten var så mörk att stjärnorna inte syntes på himlen. Invånarna i byn hade hört talas om stjärnorna, men ingen av dem hade någonsin sett dem med egna ögon.

En dag kom en ung man vid namn Erik till byn. Han var en resenär som hade hört talas om den mörka byn och var nyfiken på att se den med egna ögon. När han kom fram till byn möttes han av invånarna som berättade för honom om den mörka himlen och om hur de aldrig hade sett stjärnorna.

Erik kände medlidande med invånarna och bestämde sig för att hjälpa dem att se stjärnorna på himlen. Han frågade invånarna om de någonsin hade försökt att hitta stjärnorna på natten, men de svarade att det var omöjligt på grund av mörkret.

Erik bad invånarna att följa med honom ut på en promenad en kväll för att försöka hitta stjärnorna. Trots deras tvivel följde de med honom ut i mörkret och tittade upp mot den svarta himlen.

Erik pekade upp mot himlen och sa till invånarna att de måste öppna sina sinnen för att kunna se stjärnorna. Han bad dem att sluta ögonen och lyssna till ljuden av natten, och att låta sina tankar vandra fritt.

Efter en stund började invånarna att märka en förändring i luften. Det var som om mörkret hade blivit lite ljusare och att stjärnorna började titta fram bakom molnen. De kunde höra ljuden av naturen runt dem och känna vinden som smekte deras kinder.

När de öppnade sina ögon såg de stjärnorna på himlen för första gången. De lyste som små diamanter i det svarta mörkret och skapade en magisk syn som ingen av dem hade upplevt tidigare.

Invånarna kände en känsla av glädje och förundran när de tittade upp mot den stjärnklara himlen. De kände sig som barn igen, som om de hade upptäckt en ny värld som hade varit dold för dem i så många år.

Och även om Erik till slut lämnade byn för att fortsätta sin resa, så skulle invånarna aldrig glömma den natten när de för första gången såg stjärnorna på himlen.

Så när du tittar upp mot den mörka himlen på natten, kom ihåg att stjärnorna alltid är där, även om du inte alltid kan se dem. De lyser för dig och väntar på att du ska upptäcka deras skönhet och magi.

The Stars in the Sky

Once upon a time, there was a small village far beyond the mountains, where the night was so dark that the stars were not visible in the sky. The villagers had heard about the stars, but none of them had ever seen them with their own eyes.

One day, a young man named Erik arrived in the village. He was a traveler who had heard about the dark village and was curious to see it for himself. When he arrived in the village, he was met by the villagers who told him about the dark sky and how they had never seen the stars.

Erik felt sorry for the villagers and decided to help them see the stars in the sky. He asked the villagers if they had ever tried to find the stars at night, but they replied that it was impossible because of the darkness.

Erik asked the villagers to join him for a walk one evening to try to find the stars. Despite their doubts, they followed him out into the darkness and looked up at the black sky.

Erik pointed up at the sky and told the villagers that they had to open their minds to be able to see the stars. He asked them to close their eyes and listen to the sounds of the night, and to let their thoughts wander freely.

After a while, the villagers began to notice a change in the air. It was as if the darkness had become a little brighter and the stars began to peek out from behind the clouds. They could hear the sounds of nature around them and feel the wind caressing their cheeks.

When they opened their eyes, they saw the stars in the sky for the first time. They shone like tiny diamonds in the black darkness, creating a magical sight that none of them had experienced before.

The villagers felt a sense of joy and wonder as they looked up at the starry sky. They felt like children again, as if they had discovered a new world that had been hidden from them for so many years.

And even though Erik eventually left the village to continue his journey, the villagers would never forget the night when they saw the stars in the sky for the first time.

So when you look up at the dark sky at night, remember that the stars are always there, even if you can't always see them. They shine for you and wait for you to discover their beauty and magic.

Midsommar

På landet i Sverige, bland gröna fält och skogar, kom midsommarafton som en stilla bölja över landskapet. Solen strålade över ängarna och fåglarna sjöng i träden när människorna förberedde sig för festen.

Erik vaknade tidigt den morgonen och gick ut på gården. Doften av nyklippt gräs och blommor fyllde luften. Han såg grannarna samlas vid den gamla midsommarstången, klädd i färgglada kläder och med blomsterkransar i håret.

Erik visste att det var en speciell dag. En dag då människor kom tillsammans för att fira sommarsolståndet och välkomna den ljusa årstiden.

Han gick in i huset där hans mamma Anna förberedde maten till festen. Doften av färskpotatis och sill spred sig från köket när hon arbetade.

"Mamma, kan jag hjälpa till med något?" frågade Erik.

Anna log och gav honom en uppgift att skära upp jordgubbar till efterrätten. Erik tog en skärbräda och satte sig vid köksbordet. Han skar jordgubbarna i små bitar och lade dem i en skål.

Medan han arbetade kunde han höra musiken och glädjeskrik från grannarna utanför. De spelade musik och dansade runt midsommarstången, medan barnen lekte och skrattade på ängen.

När Erik var klar gick han ut för att delta i festligheterna. Han möttes av glada ansikten och sprudlande energi. Han kände sig en del av gemenskapen när han dansade runt stången med de andra.

Efter dansen samlades alla vid långbordet för att äta. Det fanns mat och dryck i överflöd, och människorna skålade och skrattade med varandra.

När måltiden var över fortsatte festligheterna långt in på natten. Eldarna brann runt omkring, och människorna sjöng och dansade under stjärnorna.

Erik kände en frid inom sig när han såg stjärnorna glittra på himlen. Han visste att midsommar var mer än bara en fest. Det var en tid för gemenskap och glädje, för att fira naturen och allt den gav oss.

Till slut, när natten började övergå till morgon, samlades människorna runt den sista elden för att sjunga en sista sång. De höll varandras händer och kände en stark samhörighet med varandra och med naturen runt omkring dem.

Erik kände sig trött men lycklig när han gick hem med sin mamma.

När de kom tillbaka till gården la han sig i sin säng och somnade med ett leende på läpparna.

Och så kom en annan midsommardag till en lugn och fridfull ände på landet i Sverige, med människor som samlades för att fira kärleken till livet och till varandra.

Midsummer

In the countryside of Sweden, amidst green fields and forests, Midsummer Eve arrived like a gentle wave over the landscape. The sun shone over the meadows, and birds sang in the trees as people prepared for the celebration.

Erik woke up early that morning and went out into the yard. The scent of freshly cut grass and flowers filled the air. He saw the neighbors gathering at the old Midsummer pole, dressed in colorful clothes and wearing flower wreaths in their hair.

Erik knew it was a special day. A day when people came together to celebrate the summer solstice and welcome the bright season.

He went into the house where his mother Anna was preparing food for the feast. The scent of new potatoes and herring wafted from the kitchen as she worked.

"Mom, can I help with something?" Erik asked.

Anna smiled and gave him a task to cut up strawberries for dessert. Erik took a cutting board and sat at the kitchen table. He sliced the strawberries into small pieces and put them in a bowl.

As he worked, he could hear the music and cheers of joy from outside. They played music and danced around the Midsummer pole, while children played and laughed in the meadow.

When Erik was finished, he went outside to join in the festivities. He was met with happy faces and bubbling energy. He felt a part of the community as he danced around the pole with the others.

After the dance, everyone gathered at the long table to eat. There was food and drink in abundance, and people toasted and laughed with each other.

When the meal was over, the celebrations continued late into the night. Bonfires burned around, and people sang and danced under the stars.

Erik felt a peace within him as he watched the stars twinkle in the sky. He knew that Midsummer was more than just a party. It was a time for community and joy, to celebrate nature and all it gave us.

Finally, as the night turned into morning, people gathered around the last bonfire to sing one last song. They held each other's hands and felt a strong bond with each other and with the nature around them.

Erik felt tired but happy as he walked home with his mother.

When they returned to the farm, he lay down in his bed and fell asleep with a smile on his face.

And so another Midsummer Day came to a peaceful and tranquil end in the countryside of Sweden, with people gathering to celebrate the love of life and of each other.

Ebba

Det var en gång en kvinna vid namn Ebba. Hon bodde ensam i en liten stuga vid havet. Varje dag gick hon ut på klipporna och tittade ut över det blåa vattnet. Ibland satt hon där i timmar och bara lyssnade till ljudet av vågorna som slog mot stranden.

Ebba älskade havet. Hon älskade dess styrka och dess skönhet. Hon kände en frid inom sig när hon var nära vattnet, som om det talade till henne på ett sätt som ingenting annat kunde.

Men trots sin kärlek till havet kände Ebba sig ensam. Hon hade ingen familj eller vänner i närheten, och ibland kände hon sig som den enda människan i världen.

En dag när Ebba gick ut på klipporna märkte hon något som låg på stranden. Det var en båt som hade drivit i land under natten. Ebba gick fram och såg att det fanns en man i båten. Han var medvetslös och såg ut att ha varit ute på havet länge.

Ebba tvekade inte utan började genast att hjälpa mannen. Hon drog båten upp på stranden och bar mannen till sin stuga.

När mannen vaknade upp såg han förvirrad ut. Han frågade Ebba var han var och hur han hade hamnat där.

"Du är på min stuga vid havet," förklarade Ebba vänligt. "Jag hittade dig på stranden och tog dig hit. Du behöver vila och återhämta dig."

Mannen tackade Ebba tacksamt och berättade att han hade varit ute och seglat när en storm hade slagit till. Han hade förlorat kontrollen över båten och hade drivit i land på stranden.

Under de följande dagarna tog Ebba hand om mannen och såg till att han återhämtade sig från sina skador. De pratade mycket och lärde känna varandra bättre. Mannen berättade om sitt liv på havet och sina äventyr runt om i världen, medan Ebba delade med sig av sina egna erfarenheter och drömmar.

Till slut kände sig mannen stark nog att fortsätta sin resa. Han tackade Ebba för all hennes hjälp och lovade att komma tillbaka och besöka henne igen när han hade chansen.

Och så fortsatte Ebba att leva sitt liv vid havet, med dess skönhet och dess styrka som sällskap. Hon visste att oavsett vad som hände, skulle havet alltid vara där för henne, precis som hon hade varit där för mannen från havet.

Ebba

Once upon a time, there was a woman named Ebba. She lived alone in a small cottage by the sea. Every day, she would walk out onto the cliffs and gaze out over the blue waters. Sometimes, she would sit there for hours, just listening to the sound of the waves crashing against the shore.

Ebba loved the sea. She loved its strength and its beauty. She felt a peace within herself when she was near the water, as if it spoke to her in a way that nothing else could.

But despite her love for the sea, Ebba felt lonely. She had no family or friends nearby, and sometimes she felt like the only person in the world.

One day, as Ebba walked out onto the cliffs, she noticed something lying on the beach. It was a boat that had washed ashore during the night. Ebba walked over and saw that there was a man in the boat. He was unconscious and looked like he had been at sea for a long time.

Without hesitation, Ebba began to help the man. She dragged the boat up onto the beach and carried the man to her cottage.

When the man woke up, he looked confused. He asked Ebba where he was and how he had ended up there.

"You're at my cottage by the sea," Ebba explained kindly. "I found you on the beach and brought you here. You need to rest and recover."

The man thanked Ebba gratefully and told her that he had been sailing when a storm had hit. He had lost control of the boat and had washed ashore on the beach.

Over the following days, Ebba took care of the man and made sure he recovered from his injuries. They talked a lot and got to know each other better. The man shared stories of his life at sea and his adventures around the world, while Ebba shared her own experiences and dreams.

Eventually, the man felt strong enough to continue his journey. He thanked Ebba for all her help and promised to come back and visit her again when he had the chance.

And so Ebba continued to live her life by the sea, with its beauty and its strength as her companions. She knew that no matter what happened, the sea would always be there for her, just as she had been there for the man from the sea.

En Kopp Te

Det var en gång en liten stad vid en stilla flod. I den staden levde en ensam man som hette Johan. Han var en tyst person som gick längs gatorna varje dag, utan att säga ett enda ord till någon.

En dag när solen började gå ner och skymningen kom smygande, kände Johan en stark längtan efter något varmt att dricka. Han stegade in i den lilla kafén på hörnet av gatan och slog sig ned vid ett bord.

Kaféet var tyst och lugnt. En äldre kvinna stod bakom disken och tittade på Johan med vänliga ögon. Hon log och frågade: "Vad kan jag erbjuda dig, min vän?"

Johan tänkte för sig själv en stund och svarade sedan: "En kopp te, tack." Kvinnan nickade och försvann in i köket. Efter en kort stund kom hon tillbaka med en varm kopp te och placerade den framför Johan. Doften av kryddigt te fyllde luften, och Johan kände sig genast lugn.

Han tog tag i koppen och blåste på ångan innan han försiktigt började dricka. Teet var precis så varmt och tröstande som han hade hoppats på. Han satt där och njöt av varje liten klunk, känslan av värmen som spred sig inom honom.

Medan han satt där, kom en annan person in i kaféet. Det var en ung kvinna med trötta ögon och sorgsna drag i ansiktet. Hon såg ut som om hon hade burit på världens tyngd på sina axlar.

Kvinnan gick fram till disken och beställde en kopp kaffe. Johan kunde inte låta bli att märka hennes bekymrade uttryck. Han kände en impuls att göra något, något som kunde lysa upp hennes dag.

"Vänta!" ropade Johan plötsligt och reste sig upp från sitt bord. Kvinnan tittade förvånat på honom när han gick fram till henne med sin kopp te i handen.

"Här," sa Johan och räckte över koppen till henne. "Ta det, det kommer att göra dig gott."

Kvinnan tvekade först, men sedan tog hon emot koppen med ett tacksamt leende. Hon lät doften av teet omfamna henne och kände sig plötsligt lite lättare till sinnes.

"Tack," sa hon mjukt och satte sig ned vid ett bord bredvid Johans. De båda satt där i tystnad, drickande sina varma drycker och låtande värmen fylla deras hjärtan.

Från den dagen började Johan besöka kaféet regelbundet. Han mötte många människor där, alla med sina egna historier och bekymmer. Ibland delade de sina tankar med varandra, och ibland satt de bara i tystnad och njöt av sällskapet.

Och så levde Johan sitt liv, dag för dag, med en kopp te i handen och ett leende på läpparna. För ibland är det de små sakerna i livet som betyder allra mest.

A Cup of Tea

Once upon a time, in a small town by a tranquil river, lived a solitary man named Johan. He was a quiet person who walked along the streets every day, without saying a single word to anyone.

One day, as the sun began to set and dusk crept in, Johan felt a strong longing for something warm to drink. He stepped into the little café on the corner of the street and sat down at a table.

The café was quiet and calm. An elderly woman stood behind the counter, looking at Johan with kind eyes. She smiled and asked, "What can I offer you, my friend?"

Johan pondered for a moment and then replied, "A cup of tea, please."

The woman nodded and disappeared into the kitchen. After a short while, she returned with a warm cup of tea and placed it in front of Johan. The scent of spicy tea filled the air, and Johan immediately felt at ease.

He picked up the cup and blew on the steam before carefully taking a sip. The tea was just as warm and comforting as he had hoped. He sat there, enjoying every little sip, feeling the warmth spreading within him.

As he sat there, another person entered the café. It was a young woman with tired eyes and a sorrowful expression on her face. She looked as if she had been carrying the weight of the world on her shoulders.

The woman walked up to the counter and ordered a cup of coffee. Johan couldn't help but notice her troubled expression. He felt an impulse to do something, something that could brighten her day.

"Wait!" Johan suddenly exclaimed, standing up from his table. The woman looked surprised as he approached her with his cup of tea in hand.

"Here," Johan said, offering the cup to her. "Take it, it will do you good."

The woman hesitated at first, but then she accepted the cup with a grateful smile. She let the scent of the tea envelop her and suddenly felt a little lighter in spirit.

"Thank you," she said softly, sitting down at a table next to Johan. The two of them sat there in silence, drinking their warm beverages and letting the warmth fill their hearts.

From that day on, Johan began to visit the café regularly. He met many people there, each with their own stories and worries. Sometimes they shared their thoughts with each other, and sometimes they simply sat in silence, enjoying each other's company.

And so, Johan lived his life, day by day, with a cup of tea in hand and a smile on his lips. For sometimes, it's the little things in life that mean the most.

En Vandring Under Månen

Det var en natt där månen hängde lågt över staden, kastade sitt bleka sken över hustaken och gatorna nedanför. En ung man vid namn Emil satt på trappan utanför sitt hus och stirrade upp mot den glittrande himlen.

Han kände en plötslig längtan att bryta sig loss från den trånga staden, att ge sig ut på en vandring under månen. Utan att tveka reste han sig upp och började gå längs de tysta gatorna, med månen som hans enda följeslagare.

Steg för steg vandrade Emil genom staden, känslan av frihet växte inom honom med varje steg han tog. Han lät sina tankar vandra fritt, bortom gränserna för det kända och det trygga.

Snart hade han lämnat stadens buller bakom sig och befann sig på en väg som slingrade sig genom det öppna landskapet. Månen lyste upp vägen framför honom, kastade långa skuggor över marken.

Emil fortsatte att gå, långt in i natten. Han kände sig som en del av den mörka, tysta världen omkring honom, som om han hade funnit sitt rätta hem under den stjärnklara himlen.

Efter ett tag kom han fram till en liten skogsdunge, där träden susade i nattvinden och löven rasade under hans fötter. Han stannade upp och lyssnade till den stilla sången från skogen, kände sig omfamnad av dess lugnande kraft.

Plötsligt hörde han ett svagt ljud från buskarna bredvid vägen. Han spetsade sina öron och lyssnade uppmärksamt. Det lät som ett svagt pipande, som om någon eller något försökte locka honom närmare.

Emil tvekade först, men sedan kände han nyfikenhetens dragning. Han smög försiktigt fram mot buskarna och såg en liten fågel som hade fastnat i en gren. Dess vingar fladdrade desperat när den försökte frigöra sig.

Med en mjuk gest sträckte Emil ut sin hand och befriade fågeln från grenen. Den flög iväg med en glad kvittrande, som om den tackade honom för hans hjälp.

Emil log och fortsatte sin vandring genom natten. Han kände sig uppfylld av en känsla av mening, som om hans handlingar hade gjort en verklig skillnad i världen.

Ju längre han vandrade, desto mer förenade han sig med den tysta skönheten i natten. Han kände sig som en del av något större, som om han hade funnit sin plats i den stora, mystiska världen omkring honom.

Till sist, när gryningen började gry och månen började blekna bort i horisonten, kom Emil tillbaka till sin stad. Han kände sig utmattad men uppfylld av en känsla av frid och tillfredsställelse.

Han satte sig ned på trappan utanför sitt hus och såg solen stiga upp över hustaken.

Och så levde Emil sitt liv, dag för dag, med minnet av den magiska natten brinnande inom honom. För ibland är det i de tysta stunderna under månen som vi finner vår sanna själ.

A Walk Under the Moon

It was a night where the moon hung low over the city, casting its pale light over the rooftops and the streets below. A young man named Emil sat on the steps outside his house, gazing up at the glittering sky.

He felt a sudden longing to break free from the confines of the cramped city, to embark on a walk under the moon. Without hesitation, he stood up and began to walk along the quiet streets, with the moon as his only companion.

Step by step, Emil wandered through the city, the feeling of freedom growing within him with each stride he took. He let his thoughts roam freely, beyond the boundaries of the known and the familiar.

Soon, he had left the city's noise behind and found himself on a road winding through the open countryside. The moon illuminated the path ahead, casting long shadows over the ground.

Emil continued to walk, deep into the night. He felt like a part of the dark, silent world around him, as if he had found his true home under the starry sky.

After a while, he reached a small grove of trees, where the branches rustled in the night wind and the leaves crunched under his feet. He stopped and listened to the gentle song of the forest, feeling embraced by its calming power.

Suddenly, he heard a faint sound from the bushes beside the road. He perked up his ears and listened attentively. It sounded like a faint chirping, as if someone or something was trying to lure him closer.

Emil hesitated at first, but then he felt the pull of curiosity. He cautiously approached the bushes and saw a small bird caught in a branch. Its wings fluttered desperately as it tried to free itself.

With a gentle gesture, Emil reached out his hand and freed the bird from the branch. It flew away with a happy chirp, as if thanking him for his help.

Emil smiled and continued his walk through the night. He felt filled with a sense of purpose, as if his actions had made a real difference in the world.

The further he walked, the more he became one with the silent beauty of the night. He felt like a part of something greater, as if he had found his place in the vast, mysterious world around him.

At last, as dawn began to break and the moon started to fade away on the horizon, Emil returned to his city. He felt exhausted but filled with a sense of peace and satisfaction.

He sat down on the steps outside his house and watched the sun rise over the rooftops.

And so, Emil lived his life, day by day, with the memory of that magical night burning within him. For sometimes, it is in the quiet moments under the moon that we find our true soul.

Erik

Det var en gång en man som hette Erik. Han bodde i en liten by omgiven av gröna skogar och klara vattendrag. Erik var en enkel man som arbetade på en liten gård och levde ett stillsamt liv.

En dag, när Erik var ute och gick längs en stig i skogen, hittade han en liten sten som låg gömd bland löv och grenar. Stenen var grå och oansenlig till utseendet, men något inom Erik sa att den var något speciellt.

Erik tog försiktigt upp stenen och höll den i sin hand. Han kände genast en varm känsla sprida sig genom hans kropp och en känsla av lugn och frid fylla hans sinne.

Han visste inte varför, men han kände att den här stenen hade en särskild kraft och att den var menad för honom. Han bestämde sig för att ta med stenen hem och förvara den på en säker plats.

När Erik kom hem berättade han för sin fru om den sten han hade hittat i skogen. Hon lyssnade uppmärksamt och nickade förstående.

"Jag tror att den här stenen är något speciellt," sa Erik till sin fru. "Jag känner en stark koppling till den."

Hans fru log och nickade. "Om du känner det så, så är det säkert så," svarade hon. "Låt oss ta hand om den och se vad som händer."

Erik och hans fru placerade stenen på en hylla i sitt hem och började märka att deras liv började förändras på ett positivt sätt. De kände sig lyckligare och mer harmoniska än tidigare, och de visste att det var tack vare den magiska stenen de hade hittat.

Men en dag hände något oväntat. När Erik vaknade upp en morgon, märkte han att stenen var borta från hyllan där de hade förvarat den.

Han blev genast orolig och började leta överallt i huset, men stenen var spårlöst försvunnen. Erik kände en klump i magen och undrade var stenen hade tagit vägen.

Han gick ut i trädgården och satte sig på en bänk, djupt försjunken i tankar. Han visste att stenen hade betytt mycket för honom och att han inte kunde förlora den.

Plötsligt hörde han en röst bakom sig. Han vände sig om och såg en gammal man som kom gående genom trädgården.

"Mitt barn, varför är du så bekymrad?" frågade mannen vänligt.

Erik berättade för mannen om den magiska stenen och hur den hade försvunnit från deras hem. Han kände en stark oro inom sig och visste inte vad han skulle göra.

Mannen log och lade en hand på Eriks axel. "Du behöver inte vara rädd, min vän," sa han lugnt. "Stenen har inte försvunnit för alltid. Den har bara flyttat till en annan plats där den kan fortsätta att sprida sin magi."

Erik tittade förvånat på mannen. "Men hur kan jag hitta den igen?" frågade han.

Mannen log mysteriöst. "Du måste följa ditt hjärta och lyssna till din inre röst," sa han. "Den kommer att leda dig tillbaka till stenen och till den magi som finns inom dig."

Erik kände sig förvirrad men samtidigt fylld av hopp. Han visste att mannen hade rätt och att han måste lita till sitt hjärta för att hitta stenen igen.

Han tackade mannen för rådet och gick tillbaka in i huset för att berätta för sin fru vad som hade hänt. Tillsammans bestämde de sig för att ge sig ut och leta efter stenen, med hjärtat som deras kompass.

Dagarna gick och Erik och hans fru letade överallt i byn och dess omgivningar. De tittade under stenar, i trädens skugga och längs vattendragen, men stenen var som borta från jordens yta.

Till slut kom de till skogen där Erik hade hittat stenen för första gången. De gick längs stigen och tittade noggrant runt omkring sig, men ingen sten syntes till.

Plötsligt hörde han en röst inom sig som viskade att han skulle titta under den stora ekens skugga. Han vände sig om och gick mot trädet, och där, under dess mäktiga grenar, låg stenen gömd bland löv och mossa.

Erik

Once upon a time, there was a man named Erik. He lived in a small village surrounded by green forests and clear streams. Erik was a simple man who worked on a small farm and lived a peaceful life.

One day, while Erik was out walking along a path in the forest, he found a small stone hidden among leaves and branches. The stone was gray and unassuming in appearance, but something within Erik told him that it was something special.

Erik carefully picked up the stone and held it in his hand. He immediately felt a warm sensation spreading through his body and a sense of calm and peace filling his mind.

He didn't know why, but he felt that this stone had a special power and that it was meant for him. He decided to take the stone home and keep it in a safe place.

When Erik got home, he told his wife about the stone he had found in the forest. She listened attentively and nodded understandingly.

"I think this stone is something special," Erik said to his wife. "I feel a strong connection to it."

His wife smiled and nodded. "If you feel that way, then it must be true," she replied. "Let's take care of it and see what happens."

Erik and his wife placed the stone on a shelf in their home and began to notice that their lives started to change in a positive way. They felt happier and more harmonious than before, and they knew it was thanks to the magical stone they had found.

But one day, something unexpected happened. When Erik woke up one morning, he noticed that the stone was gone from the shelf where they had kept it.

He immediately became worried and began searching everywhere in the house, but the stone was nowhere to be found. Erik felt a lump in his stomach and wondered where the stone had gone.

He went out into the garden and sat down on a bench, deep in thought. He knew that the stone had meant a lot to him and that he couldn't lose it.

Suddenly, he heard a voice behind him. He turned around and saw an old man walking through the garden.

"My child, why are you so worried?" the man asked kindly.

Erik told the man about the magical stone and how it had disappeared from their home. He felt a strong anxiety within him and didn't know what to do.

The man smiled and placed a hand on Erik's shoulder. "You don't need to be afraid, my friend," he said calmly. "The stone hasn't disappeared forever. It has simply moved to another place where it can continue to spread its magic."

Erik looked at the man in astonishment. "But how can I find it again?" he asked.

The man smiled mysteriously. "You must follow your heart and listen to your inner voice," he said. "It will guide you back to the stone and to the magic that lies within you."

Erik felt confused but at the same time filled with hope. He knew that the man was right and that he had to trust his heart to find the stone again.

He thanked the man for the advice and went back into the house to tell his wife what had happened. Together, they decided to go out and search for the stone, with their hearts as their compass.

Days passed, and Erik and his wife searched everywhere in the village and its surroundings. They looked under rocks, in the shade of trees, and along the streams, but the stone seemed to have disappeared from the face of the earth.

Eventually, they came to the forest where Erik had found the stone for the first time. They walked along the path and carefully looked around, but there was no sign of the stone.

Suddenly, he heard a voice within him whispering to him to look under the shade of the big oak tree. He turned around and walked towards the tree, and there, under its mighty branches, lay the stone hidden among leaves and moss.

Musen och Äpplet

Det var en gång en liten mus som bodde i en liten håla under ett stort äppelträd. Musen hette Pelle och älskade att springa runt och utforska världen runtomkring.

En dag när solen sken starkt och fåglarna sjöng vackra sånger, kände Pelle en stark doft av något läckert. Han följde doften och snart kom han fram till ett stort, saftigt äpple som låg på marken.

Pelle blev så glad att han började hoppa upp och ner av glädje. Han kunde inte vänta med att smaka på det saftiga äpplet. Men precis när han skulle ta en tugga hörde han en röst bakom sig.

"Vänta, vänta, snälla vänta!" ropade rösten.

Pelle vände sig om och såg en annan liten varelse som kom springande mot honom. Det var en ekorre med stora, busiga ögon och ett leende på läpparna.

"Vad är det?" frågade Pelle nyfiket.

"Jag heter Nisse och jag är också hungrig," sa ekorren andfådd. "Kan jag få dela äpplet med dig?"

Pelle tänkte för sig själv en stund och sedan nickade han glatt. "Ja, självklart! Det är alltid roligare att äta tillsammans."

Så Pelle och Nisse satt sig ned bredvid varandra och började äta på äpplet. Det var saftigt och sött, precis som de hade hoppats på. De pratade och skrattade medan de njöt av varje tugga.

Men precis när de var på väg att äta det sista bettet hörde de en annan röst bakom sig.

"Hej där, vad har ni för er?" frågade rösten.

Pelle och Nisse vände sig om och såg en liten fågel som satt på en gren ovanför dem. Det var en pigg liten koltrast med glittrande ögon.

"Vi delar på det här äpplet," sa Pelle glatt. "Vill du också ha lite?"

Fågeln nickade ivrigt och flög ned till marken för att gå med i festen. Snart satt de alla tre där och delade på det saftiga äpplet, skrattande och pratsamma.

Men precis när de var på väg att avsluta sin fest, hörde de en sista röst bakom sig.

"Hej vänner, kan jag också vara med?" frågade rösten.

Pelle, Nisse och koltrasten vände sig om och såg en liten igelkott som klev fram ur buskarna. Den hade stora, nyfikna ögon och en liten snubblig gång.

"Självklart kan du vara med!" sa Pelle vänligt. "Ju fler desto roligare!"

Så de fyra vännerna samlades runt det sista äpplet och delade på det tillsammans. De pratade och skrattade, njöt av varandras sällskap och kände sig glada och nöjda.

Till sist var äpplet uppätet och de fyra vännerna kände sig trötta men lyckliga. De hade haft en underbar dag tillsammans, fylld av skratt och glädje.

"Det här var jätteroligt," sa Nisse medan han gnuggade sig i magen. "Vi borde göra det här oftare!"

Och så gick de sina vägar, var och en med ett stort leende på läpparna och ett varmt hjärta.

The Mouse and the Apple

Once upon a time, there was a little mouse who lived in a small hole under a big apple tree. The mouse's name was Pelle and he loved to run around and explore the world around him.

One day, when the sun was shining brightly and the birds were singing beautiful songs, Pelle caught a strong scent of something delicious. He followed the scent and soon came to a big, juicy apple lying on the ground.

Pelle was so happy that he started hopping up and down with joy. He couldn't wait to taste the juicy apple. But just as he was about to take a bite, he heard a voice behind him.

"Wait, wait, please wait!" the voice called out.

Pelle turned around and saw another little creature running towards him. It was a squirrel with big, bright eyes and a smile on its lips.

"What is it?" Pelle asked curiously.

"My name is Nisse, and I'm hungry too," said the squirrel, out of breath. "Can I share the apple with you?"

Pelle thought for a moment and then nodded happily. "Yes, of course! It's always more fun to eat together."

So Pelle and Nisse sat down beside each other and started eating the apple. It was juicy and sweet, just as they had hoped. They talked and laughed as they enjoyed every bite.

But just as they were about to take the last bite, they heard another voice behind them.

"Hello there, what are you doing?" the voice asked.

Pelle and Nisse turned around and saw a little bird sitting on a branch above them. It was a lively little blackbird with sparkling eyes.

"We're sharing this apple," said Pelle happily. "Would you like some too?"

The bird nodded eagerly and flew down to join the party. Soon, all three
of them were sitting there, sharing the juicy apple, laughing and chatting.
But just as they were about to finish their feast, they heard one last voice
behind them.

"Hello friends, can I join too?" the voice asked.

Pelle, Nisse, and the blackbird turned around and saw a little hedgehog
emerging from the bushes. It had big, curious eyes and a slightly wobbly
walk.

"Of course you can join!" said Pelle kindly. "The more, the merrier!"

So the four friends gathered around the last apple and shared it together.
They talked and laughed, enjoying each other's company and feeling
happy and satisfied.

At last, the apple was eaten up, and the four friends felt tired but happy.
They had had a wonderful day together, filled with laughter and joy.

"That was so much fun," said Nisse, rubbing his belly. "We should do this
more often!"

And so they went their separate ways, each with a big smile on their lips
and a warm heart.